会計学論考

織部浩道
Oribe Hiromichi

ブックウェイ

目　次

はじめに	5
現金伝票	6
取引について	7
動態論	13
ユートピアの中で	16
実務について	22
円周率を求める	28
会計学と円	35
税制改革について	37
会計学とは	40
円周率のグラフ	44

はじめに

　私は、長年、会計学の研究をしてきた。税法学会、名古屋税理士会を退会し、諸業務を行なっている。
　経済学と会計学、もしくは、経営と会計について、論じられている本は少ない。シュマーレンバッハのような、動的会計思考も働くが、清算、解散時の静的状況もふまえる必要がある。
　静態論、動態論は、紙一重ということも言えるが、初心者にもわかるように説明を加えたい。
　実務家、経営者が読むのにちょうどいい線を選んだ。各種、議論の際に功を奏する賜である。

残高	376,497
クレジット	31,400
クレジット	6,450
クレジット	23,935
クレジット	25,000
保険料	36,969
保険料	14,850
通信費	3,000
水道、光熱費	3,000
健康保険	3,500
通信費	25,000
その他	15,000

固定資産税　　155,000
　　　　　　　707,851
　　　　　　△376,497
　　　　　　△401,354
　　　　　　　376,497
　　　　　　△ 24,754

> △赤字　24,754

Point　　　　　　　　　　　　　　　　2016.7.14

現金伝票

　入金伝票と出金伝票があります。早く言えば、現金の出し入れです。現金を入れた時に入金伝票、現金を払い出した時に出金伝票。これは、レジスター、キーパンチャーでやる場合もあります。

　現金出納帳を作ることもありますし、その方が、内部管理には便利でしょう。

　現金を1円あわせること――これは、金融機関でも大事な事です。現金1円くるっていると、別の取引かもしれません。

　　101,001円－山和商店

　　101,002円－山陽商会

　あれー、ちがう取引かと思っても、伝票には、あと、同日付で、商品となっているから、伝票そのものがまちがっている可能性もあるし、取引実体がないかもわからない。

取引について

　取引って何だと思う人もいるでしょう。商談成立、つまり、商品取引に売手と買手が合意したことによる金銭等による交換。簡単に言えば、商品を100円で50個買うよということです。

　話し家の方が、ＴＶで座談会をやっている。それを見ているわけですが、これって会計学ですか？　そんなもの遊びだとか余暇だとか言われる人もいるのですが、会計学では、どの話し家が上手いとか、好きじゃないとか、役立ちそうだということを考えているんです。会計学、そうですね。どのネタが商談でうけるか？　どの話し家の話を活かすか？　これは、商談に、ずばり一番役立つということです。

　もちろん、Ａ氏とＢ氏の間では、その商談そのものが重要なんですが、いきなり、本件についてやり取りすると、いい場合、悪い場合があります。

「こんにちは。早速ですが、商品を買い取りたいと思います。そこで、少し値引きをしてもらえないでしょうか？」

　もちろん、これでもいいでしょう。しかし、

「おはようございます。今日は、いい天気ですねえ。

　小春師匠が言ってましたよ……。

　うちのね、春の企画品ができあがりまして、ここにサンプルがあるんですが、いかがで……。」

　取引ということで気づくことは、人間がいつから取引してるかという会計学史の事なんですが……。

サル、カニ合戦——？

サルとカニがケンカした。なんか、サルがミカンじゃなくて、カニが食べたかったみたいで……

カニさん、カンカンにおこって、ハサミ。

サルも木から落ちたかどうかしりませんけど、ちょっと手ごわかったみたいです。

でもね、石つかんで、ガンガンて……？

これは、生きるか死ぬかの取引ですよ。だって、商人は取引に命かけてますから。

大航海でも、命がけでしたんですよ。アフリカ大陸とか、インドとか、南アメリカとか、アメリカ大陸とか見つかるんですけど、ここらへんに来ると歴史でならった人も多いと思いますけど、経済と関連してますね。今でいう、グローバル経済というか、そういう意味ではミクロ経済、マクロ経済、どちらに分類したらよいのか？

近代経済学ともいいうるし、ジャンルの問題ってむつかしいね。

市場分析からすれば、企業家計単位なんで、そういう意味では、ミクロ経済なんですか——。しかし、データが多いとマクロ経済的になってきますね。

会計学をミクロ経済としてとらえた場合、会計主体は、企業、家計等ということになります。

たとえば、民間企業がインドでカシミアのカーペットを買う。それが個人企業であるとしても、1,000 ルピーは 1,000 ルピー。いや、キャッシュ 150,000 でクレジットで買ったん

だといえば、150,000円の仕入単価。

カシミアというのは、山あいに住むヤギの高級毛を、ハンドメイドで作ったという品物。図柄はマンダラを表わすともいえる。マンダラとは、一種の世界観、宗教観である。

どちらにしても、旅をするときには、帰りの切符を持っていることが必要で、現地でそれを買おうとすると大変な事になる。まず、旅行社の名前がわからない。その意味が通じない。旅行切符が読めないなど、多くの問題がある。

マルコ・ポーロ　Marco Polo（1254−1324）は、イタリアのヴェネツィア商人の親類で、「世界の記述」で杭州（キンザイ）、泉州（ザイトン）を紹介し、中央アジアを経由し、大都まで進むが、十字軍の遠征が貿易路につながったとされ、しかし、アレクサンドロス大王　Alexandros Ⅲ（BC336−BC323）は、エジプト、ペルシャ、ギリシャ、東方世界への遠征——いわゆるヘレニズム（ギリシャ風）パルティアまで漢がきたということは、秦の孝公（BC361−338）であることから、匈奴、月氏などとモンゴル高原で争った。その前、始皇帝が蒙恬（−BC210）を派遣した頃なのか？

いわゆるシルクロードというのは、フン族、ゴート族の大移動とも関係しているし、古来あったのだろう。

ヘレニズム文化もそれに乗っかって、奈良の東大寺まで来たということらしいが、確かに、アンコールワットもヘレニズムで、それから見れば東大寺もヘレニズムということになるだろう。

アンコールワットは、シュリーバルマン3世が、国のこと

を考えて、ヒンドゥー教、仏教を盛んにして、国を繁栄させたということであるが、現在はインドネシア、ベトナムのあたりである。

ジェイコブ・ソール（1968-）によると、ジェノヴァ共和国で1340年には複式財政記録をしていた。さかのぼっては、ローマ帝国初代皇帝アウグストゥス（オクタウィアヌス）は、会計的に記録していた。

バビロニアのハンムラビ法典（BC1772）には、原始的な会計原則が領収書を基にすると105条でなされ、国家記録をつけられている。アリストテレス、カエサルにしかりということは、アレクサンドロスもそうだろう。（帳簿の世界史）

領収書にサインがしてなければ認めない。これは、現在とよく似ている。現在でも、社印や電話番号、住所等の記録がしてある。

ある意味、商人の真実性、良心というものが裁かれていた。ということは、監査も行なわれていたわけで、取引の正当性があるか否かの問題だった。

取引に悪意があったか、過失があったかは、大事な事である。

しかし、日本では、たとえば商法によって帳簿の保存義務などが決まっている。確定申告も必要な者には、義務があるわけで、免除される場合もある。

源泉徴収票をもらっている者は、ある所得までは二ヵ所以上勤務を除いて、確定申告をしなくてよいわけだ。

確定申告といっても、法人税、所得税、相続税、住民税等

とあるわけで、納税義務というものは、決められている。

　古来より、人頭税、地租税、両税法、一条鞭法などがある。

　前221年、秦の始皇帝が中国を統一し、万里の長城を築き、郡県制をひく。2世紀には、ローマ皇帝マルクス＝アウレリウムの使者が訪れる。隋、唐の律令制の下では、均田制、租庸調制、府兵制がとられたが、農民の反乱と儒子の普及、いわゆる宗教による農業の豊年祭りと農民達の怒りは、自然災害と共にバランスをとってきたわけだ。

　災害がきて、農作物がとれなくなれば、そのために農民を保護する。現在においても、関東東北大地震から、住民達は保護されている。それと、TPPによる非関税化の動き。これは、国際間での公平取引交渉であるが、それは地域で収穫される作物が異なるからだ。

　こういったことは、大いに鉄道の発展や運輸の交渉によっても、異なってきた。ある意味では、産業革命から鉱工業生産が始まった。そして、現在、人工知能によりロボット革命が起きている。人間の頭脳と人工知能、これは相互関連しながら、予期しない生産と破壊へと続くだろう。

　単純生産の拡大は、人間に多くの物質をもたらしてくれたが、超頭脳生産は、人間を少し不愉快にするだろう。囲碁で負け、将棋で、チェスで負け……こんな具合では本来いけない。すぐれた頭脳を活用してするとすれば、たとえば、経済とか政治活用である。

　コンピューター政府、コンピューター投票というのは、ボタン操作一つで集計できる。

経済的には、人間の芸術にふみいれるのは古来よりのもので、修復に必要な国宝とか重要文化財に限るべきである。

　確かに、個人の家にコピーがあってもいいが、その値段はどうなるのだろうか？

　絵画に限っては、私は癒しを求めるが、ある種快楽的な模倣品だったら、私にとってどうなるのだろうか。

　それは、客観的評価と主観的評価に分かれる。絶対的評価を会計学が示さないといけないとすれば、どういうことになるのか？

　原価計算から考えれば安価なものになるし、それに対して、著作権などを訴えた場合、それは高いかどうかということである。

　たとえば記帳。帳簿をつけるだけなら、帳面代だけ。そう考える人もいるだろう。しかし、会計処理にいくらコストがかかるだろうか？

　仮に、家内企業であるとしても、社長、社長の奥さんなどがその仕事をしている場合、給料が支払われる。その支払いができない場合は、赤字企業で、なくなく帳面をつけている。そういう中小企業が多い。

　それは、流通の問題もある。製品、商品を買ってくれなければ利益はゼロである。いくら原価が100万であっても、マイナス100万である。帳簿上は、販売コストなどもあり、マイナスである。

　商品、昔からあるのは、傘とかゲタとか、ふとんとか。日本では、竹細工や木工、綿花の製造などからであるが、竹や

木といっても、ただではない。あとは工賃である。

　仮に、そば、うどんといっても、どこで育てて、どこで加工するかという問題になる。現在は、半加工品が多く、簡単であるが、実際は大変である。

　野菜一つ作るのも、土や水の問題があって、簡単ではない。そして、スーパー、コンビニがあって、手にしている。

　食糧品をもっとたくさん創って、エデンの園にもどしてしまえばいいのに‼　しかし、現在は規制がある。法律で決まっている。

　しかし、聖徳太子のいう仏・法・僧というのは三宝のことで、国をおさめるための憲法17条である。

　この法律の解釈がまちまちで、判例でも異なる。ほぼ確定している解釈もあるが、法自体は絶対的なものであるという。

　法改正はある。これが、会計とどういう関係があるかというと、会計法、商法、税法、証取法で決まりがあるからだ。勝手に処理してはいけないということなのだ。このことで、経理はまちがえる場合が多々ある。

動態論

オイゲン・シュマーレンバッハ

　（Eugen Schmalenbach　1873/8/20－1955/2/20）、動的貸借対照表論（Zim-mermarn, Doris［1985］, 5.23; Küfer、内倉滋著、中経社）

投下資本の回収の内、いつ時点なのか？

これによれば、経済性の尺度として、［利益］の確定、この技術論に二期間の貸借対照表から算出する。これは、ある意味で取引が動いているという動的解釈で、財産の増減から利益を確定、判断する。

早いのは、財産目録というものを作ってみればいい。目録上、増えた部分が利益。

じゃあ、伝票会計はどう？

収益とコストを加減することであるけど、こちらは、P/Lの問題だよね。

もちろん、P/L上も、取引は続いているわけですが……。

Cash　　現金

Deposits　　預金

Current deposit　　当座預金

Accounts receivable　　売掛金

Notes receivable　　受取手形

Ordinary deposit　　普通預金

Corporation tax　　法人税

理論と実践で異なるのは、取引の処理である。

理論的取引処理をするか、会社の実態にあわせて取引処理するかは、異なる。

理論的なものが学会等で構築されても、現場主義というか、実にむつかしいところです。

現金・Cash。外貨も現金であるが、ドルは、とりあえず取引時価で円換算しておいて、決算時は、基準日にあわせて再評価しなければならない。ユーロやマルク、ペソ……。外貨差益は、為替差損と区別して計上する必要がある。

当座預金は、当座契約を結ばないとできないが、小切手、手形取引がない場合、ほとんど不用である。まあ、少し借越したい場合は別だが。

だから、当座預金はマイナスになってもいい。普通預金もマイナスになる場合もあるが、取引次第である。

現在、クレジット決済というのがほとんどである。クレジット自体は、クレジット会社が請求するまで取引じゃないという見方もあるが、どうだろう。

カードでサインした時に、伝票を持っておいた方がいい。これは私の意見である。その時点で取引とみるかどうかは、むつかしい。

定かでないのはビット・コイン。コンピューター上のマネーというか、キャッシングもできるが相場もあり、流動的である。換金できない場合もある。コンピューター上の処理でいいといえば、コンピューター上の残高で計上するしかないだろうか？

知能財産。いわゆる人工知能。開発費とプレミアム、工業所有権とか。まあ、市場で確定するか、形成されていくかというところである。

有価証券というのは、株式、債権などである。株式は、譲渡益が出る場合は有価証券売却益、評価益。その逆は売却損、

評価損、貸倒損失等である。

　結局は、会社の元手のことを言っているのである。いわゆる投下資本の事であるが、みんなで投資しましょうといっているのが資本主義経済である。

ユートピアの中で

平井正穂（1957.12.7）
　ユートピア／トマスモア（1478－1535）イギリス文学

　今から1200年前、つまり300年頃に、アメリゴ・ベスブッチがユートピア都市を見つけ、そのユートピア人が数字・哲学が好きで合理的生活を送っているとされている。
　ガリバー旅行記だって、何だって、冒険物語なんだが、そこで発見するわけです。
　ユートピアとは、ユートピア島及びユートピア人のことなんだけど、マルクス・エンゲルスが共産党宣言の中で、このユートピアのことを書くわけです。
　そこから、理想郷という概念が加わってくるんですが、それはロシア、中国で革命を起こす。一方、イギリス、フランス、アメリカで産業革命が起き、資本主義経済へといきます。
　「もとで」という考え方で、自由商人が何ができるかがユートピアだったんでしょうね。
　日本は、いろんな考え方があって、一定の規制の下での自由経済といった方がいい。資本主義も共産主義も認められる

が、各人の自由にしなさいと。

　国家全体では、今のところ平和主義だと思うんですが、日本人の過剰労働力の割には利益が少ない。だから、戦後レジームの事もあり、農業生産ぐらいしか、どうしようもないでしょうと私はいいたい。

　しかし、別の意味で人工知能は期待されていて、介護とか老後、生活に役立ってくれればいい。

　あと、生産加工もやってほしいんですが、これはある程度ですね。人工知能が農業生産する、これは企業が少しやってますね。

　どちらにしても、ユートピア論争なのですから、平和であるユートピア人からすれば、平和主義っていうやつですね。ユートピア人は平和を計算しているんです。だから、平和や災害時の計算をしろと。それが、コンピューター政府案です。

　経済学。これは、利益の追求ばかりではありません。社会を公平化しようという動きもあります。公正経済学、厚生経済学、いろんな経済学があります。

　政治や実経済も連動しています。日経平均によって、動く社会、経済というものもありますし、理論経済学といって、社会のあるべき姿を追求しているものもあります。

　一般的には、資源配分、経済成長、経済分配論などですが、まったく違った社会をめざしている経済学もあります。

　たとえば、国家中心的分配経済、成長経済論もあります。それは、国や経済体制、政治体制によって異なるから、日本

人の常識は全然通じない場合もあります。

　会計学上は、ロンドンに本部があるJFRS（国際会計基準）が、資本主義国では共通していると思われます。

　日本は、企業会計審議会は世界の動向を見ながら、企業会計規準を改訂しています。

　学会的な議論なんで、大企業、中企業以外はあまり関係ないかもしれません。そこには、会計にエキスパートも関連していますので、問題はないでしょう。

　但し、議論の余地はあるようです。国家間、企業間のリスク回避もあるわけですから、時価主義会計でいこうという動きもある。

　それは、為替リスクなどですが、国内企業においては、政治経済上のリスクもあり、会計上損失をこうむるケースもあります。

　EC、EU加盟国の動きや、世界情勢が大きく、企業体、個人に係わっています。OECD加盟国の付加価値税において、インボイスを必要とする国としない国があります。また、多段階方式による場合もあります。会計というのは、そこそこの会がたえず何かを計っているわけです。

　それが個人であるとしても、家族会の立場とか、公的人、私的人のメンバーとして参加しているわけです。一般的には、価値とか物の見方というものですが、あなたの目にはどう写るでしょうか？

　社会をエンティティとみることもできます。個人をエンティティとすることもできます。エンティティの連続体がエ

ンティティにうったえかける。一種のウェイヴが起きるわけです。それは、経済動向かもしれませんし、政治的なことかもしれません。

　消費者、生産者、加盟者……いろいろな団体があって、社会は動いています。社会は動的な生き物です。たえず動いて、活動しています。そこを何らかの事情で、自分の方で止めて、解散とか清算する場合もあります。総会で決議したとかいう場合です。場合によっては、破産管財人が決めて、貸借対照表というものを作ります。取引は過去のものですから、ある意味で止まっているわけであり、静的思考の下で残余価値を決めていくわけですが、そのことは法的専門家にまかせた方がいいでしょう。色々な届けも必要です。

　しかし、通常の決算、会社で決めている月次決算でもいいですが、とりあえず月初別の残高を表示するわけです。企業戦略もありますから、毎月出している所もあります。

　身近なところで、金銭出納帳、通帳をながめていることも必要です。いわゆる内部管理ですから、資金管理も大事な事です。

　じゃあ、来期、うちの会社、どうなるの？　それは、ヴィジョンにもよります。いわゆる、企業の来期見込み利益はあるか？

　さて、どうしよう？

　そこで、情報交換等をして、それをチャンスにしよう！　それがそこそこの組織力というものです。個人の集まりが一つのエンティティとすれば、個人力も大きいです。この個人

力には、社会貢献、社会参加ということも含まれます。

　何もわからない人は、これとこれとこれが欲しいからといってオーダーする。しかし、支払いの段階で予定外の支払いがあり、パンクする場合がある。ある意味で、伝票書いて帳簿をつけるのは、そのためです。

　納税のためだけじゃなく、利益管理、経営戦略のために財務諸表を使うのです。

　社会には戦略的合意というものがあります。いいようにも悪いようにも働きます。企業合併とか、そういう場合にされることがあります。

　市場占拠率というか、市場の数パーセント以上を占めるというと、すでに巨大企業です。逆に、消費者の立場から、自分に有利な情報、好きな商品を買っていくこともできます。

　まず、歩いて知るということです。何事も歩いて回ったり、さがしたりしなければ見つかりませんよ。

　普通に生活しているといっても、主婦のみなさんはどうしているのか、会社にいる人は何をしているのか、という事です。社会が守るべきものも多いですよ。それは、社会を守らないといろんな危機が来るからです。

　危機管理に社会全体のシミュレーションを行なう。これは、コンピューター政府にはいいかもしれない。

　その人工知能の開発には、少し時間がかかるかもしれない。

　これらは、平和的社会の実現のための予測手段であって、人的コントロール、意思決定をやめるというわけじゃない。

一種の補完的役割を当面担うものである。

実務上困難なのは、コンピューターのコストとその性能である。たとえば、そのコンピューターは使いやすいものもあれば、使いづらいものもある。ソフトもたくさんあり、ある程度顧客がいないと回収できない。

要するに、コンピューター会計が主流であるが、オペレーターは人的資源である。わかりやすく言えば、経理の初歩がわからなければ何もできない。

企業実体の公準（エンティティ）（Economic entity assumption）
継続企業の公準（Going concern assumption）
貨幣測定の公準（Monetary assumption）
会計期間の公準（Periodicity assumption）

昔は、一航海で商品を買いに周遊して、終了後に分配して分けあうようなこともなされた。しかし、現在、利益追及のための継続企業を前提として、ワンイヤールールに基づいて経理が行なわれる。

情報のディスクロジャー、企業運営、利益分配、さまざまな社会ニーズにあわせて、B/S、P/C が作られる。

IFRS によれば、測定基礎には取得原価、現在原価、実現可能価額（売却額）、現在価値（将来現金収入割引価値）がある。

収益の認識が、資産の増加、負債の減少に関連する将来の

経済的便益の増加が生じ、信頼性をもって測定される場合は、P/L認識。

費用の認識が、資産の減少、負債の増加に関連する将来の経済的便益の減少が生じ、かつ、それを信頼性をもって測定できる場合は、P/Lに認識。

企業が測定にどの原価を選ぶかは、貨幣資本の種類により異なるが、実体資本の維持からは、現在原価が使われる。
(IFRS(2012)による調査、企業会計委員会議)

実務について

国際財務報告基準

International Financial Reporting Standards (IFRSs)
(a) 国際財務報告基準
(b) 国際会計基準
(c) IFRIC 解釈指針
(d) SIC 解釈指針

資産・負債の公正価値の測定というものが重視され、測定する必要がある。これは、為替変動などを測定することで、取得原価と現在原価を修正することを意味する。

売却時価、正味割引現在価値等を考慮する場合も、相手や当事者の意思決定に際して必要だろう。

公準論は、会計基盤を定義づけるための理論である。

つまり、会計がなぜ必要なのかを導き出すための公準である。

①現金 100　　売上 100
②仕入 100　　現金 100

①売上という収益の増加であり、現金資産の増加でもある。
②仕入という費用の増加でもあり、現金資産の減少でもある。

　正味財産の増減とともにキャッシュも動く。この流れをキャッシュフローというが、支払能力、手段の開示には有効である。

　資金繰り、当場の決済ができ、信用能力でもある。

　単式簿記じゃなく複式簿記だと、財産面、収益面の二つの測定を同時にできる。

　これは、複式簿記上、一致させているから、集計して貸借対照表、損益計算書にまとめても、利益総額は一致する。つまり、B/S からも、P/L からも利益は特定できる。

　普通は、収益と費用を毎日記帳していって、最終的に利益を出す。その時に、現金、預金等を管理する。これが一般経理である。

　もちろん、内部監査や外部監査が必要な時もある。

　近年は、株主、債権者のためのディスクロージャーのため、財務諸表が必要とされるともいわれる。大切なことは、経営面での戦略的会計である。

　これには、経営ヴィジョンに基づく計画が必要で、単位予測も必要である。また、商品リスト、資金情報から、何を選択し、どう戦略をねるか？　会議も必要であるが、電話情報、インターネット上の情報をどう組み入れるかは、企業のキー

マンの意思決定による。

　株主総会、取締役会の打ち合わせにもよるが、世界の動向がどう飛び込むかで、動くか動かないかの決断が必要である。

　会計上は、そのシミュレーション分析ができるメリットがある。

・小切手、手形の期日を忘れないことと、その準備をしておくこと。
・請求書、納品書、領収書をチェックすること。

　これらは、実務上大切な事で、資金不足をなげいても、金融機関は対応してくれない。

　また、証券等の換金も、時期を逸することになり、ロスする場合もある。

　配当利回り、これだけで運用する会社もあるし、ゴールドなどで貨幣リスクを回避する場合もある。債務は、返済可能額しかできないし、しないこと。

　一番は、クレジットで、あれもこれも買うのは控えること。

　修理費、保険費用も、将来のために備えておく必要がある。

　利害関係者の多くは、財務諸表を重要な情報と考えている。それを基にして、意思決定をし、当社の経営戦略につなげていくから、関連企業の情報は大切である。

　意外と B/S、P/L から、その企業の戦略が読み取れる。業績もわかるし、利益の推移などもわかる。

　もう一度整理すると、企業実体があり、社会を動いている。利益獲得のため、社会貢献のために、企業が日々活動をして

いる。

そして、さまざまな顧客と取引を行なっている。それは、取得時の原価または、時価で取引される。時価は動いていく。取引自体も変更される場合もあり、経理処理が必要である。

一定の期間継続した後、それを明瞭に開示する必要があり、決算を行なう、または計算する。そこに、継続企業、会計期間、貨幣的測定という公準があり、適正かつ公正な情報が示されなければいけない。利害関係者に正確な情報を伝える義務があって、帳簿が作成される。

内部情報、外部情報とあり、開示する必要のないものもある。

会計の現場について――

・きれいな仕事である。

・手が汚れない。そんなに疲れない。

・営業の仕事もある。

・商談もある。

・ある程度、経理指導しなくてはいけない。

・入出金あり。

・手当がつく場合あり。

いい仕事にも悪い仕事にもみえる。普段は大した案件もなく、平凡に記録していればいい。

伝票とか、コンピューター操作とか。しかし、ビジネス相談もある。経営相談もある。チャンスはあるだろう。

事業の事は、書類作成とかわかってくるから、自分でも何かができる可能性があるが……。

まあ、どの職業も同じだと思う。
　その時、どうしたいか、どうするかである。経営者相手だから、ある程度、情報をもっていないと……である。
　求人情報は、必ず、募集がある。大抵、経営者又は初心者でも、やる気のある人となっている。

　私は、冒険旅行がもとで、海外でつまずいた。つまり、車イスになった。バリアフリーの事務所もあるし、自分の所もバリアフリーにした。しかし、意外と、お得意さんとこへ行く勇気がなかった。
　便意と尿意がない。紙おむつしたままで、歩くことができない。障害者というのは、立てないということが、一番の問題です。つまり、便所とかお風呂を簡単に利用できない。誰かの介助が必要だということです。
　誰かが、ある人は、きっと歩けるんだろう。だからできるんだ。これは、違います。みんな努力しています。確かに、助けてもらわなければ生きていけない社会的弱者です。
　精神的には、ずいぶん強くなりました。仕事の上でも、ハンディはあまりないでしょう。バリアフリーの社会ならある程度、会計の仕事もできるでしょう。だから、ハンディをもっていても経理事務仕事はできる。
　サービスしてもらって、サービスをする。これも、対価がともなうことです。
　片方では、健康保険制度、介護制度で援助してもらって、一方で、事務サービスをする。むしがいいように思えても、

一生ベッドで寝ているわけにもいきません。

医療サービスは、健康になることを助けてくれる。健康に戻してくれる。これは、仕事の中でもすばらしい事だと思います。

医学には、お礼をいいたいです。すばらしいことに税金をかけるのは、ある意味でおかしなことです。

また、保険制度があるということが、我々をずいぶん支えています。

月掛けでもしていくと、いざという時に役立つ。

　保険料 ×××　　現金預金 ×××

人間というものは、何か？
一つの仮説をたてます。
最初、バクテリアみたいな微生物だったとする。二酸化炭素、水素、硫黄などで、シアノバクテリア等、光合成を行う生物が発生し、酸素O_2がオゾン層O_3を作った。

光エネルギー → $6CO_2 + 12H_2O → C_6H_{12}O_6 + 6H_2O + 6O_2$

オゾン層は、生物のDNAを確認する有害な紫外線を吸収して、生物の陸上への進化がなされる。

ミトコンドリア、ゾウリムシができ、それが、海藻や藻になって水中に繁殖し、陸上へと上がっていく。整土の植物となり、雨が降ったことにより、動物性植物となる。昆虫とかをとかして食べる。一方、魚やプランクトンが育つ。これで、

食物連鎖が起き、人間ができる。人間は、植物性のものだったかもしれない。それが男性と女性に進化する。単純にいえば、ミトコンドリアから進化するわけだが、どうでしょう？

光合成を行う。二酸化炭素を酸素に変える。デンプンを生み出す。デンプンは、そば粉とかうどんになります。

人間は、斧や包丁などの道具を石で作る。すきは円形である。稲や野菜を刈り取ったものである。

円周率を求める

(円と四角)

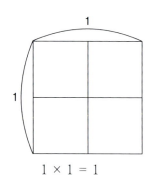

$1 \times 1 = 1$

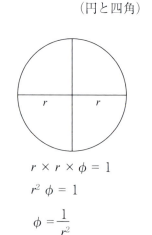

$r \times r \times \phi = 1$

$r^2 \phi = 1$

$\phi = \dfrac{1}{r^2}$

$$r = \sqrt{\frac{1}{\phi}} \qquad \sqrt{\frac{1}{\phi}} \times \sqrt{\frac{1}{\phi}} \times \phi = 1$$

$$\frac{1}{\phi} \times \phi = 1$$

$$\frac{\phi}{\phi} = 1$$

ϕ を y とする　$\dfrac{y}{y} = 1$

y を1とすると　$\phi = 1$

$r \times r \times 1 = 1$
$r^2 = 1 \quad r = \sqrt{1} = 1$
$1 \times 1 \times 1 = 1 \quad 1 \div 1 = 1 \qquad \phi$
但し、$r + r = 2r$
　　　$1 + 1 = 2$

（面積）

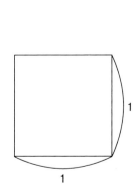

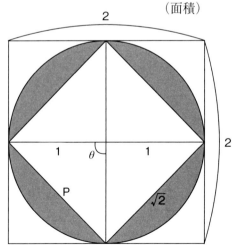

φをどこから求めたのか？

$1 \times 1 \div 2 = 0.5$

$\sqrt{1^2 + 1^2} = \sqrt{2} = P$

$\sqrt{2} \times \sqrt{2} = 2$

$r^2 \phi = 2 \qquad \phi = \sqrt{\dfrac{2}{r^2}}$

$\phi = 1$ とすると $\qquad 1 = \sqrt{\dfrac{2}{r^2}}$

$\qquad\qquad\qquad\qquad r = \sqrt{2} \fallingdotseq 1.14$

※ r がちがうことがわかる。

$\dfrac{x^2}{a^2} + \dfrac{y^2}{b^2} = 1 \qquad a > 1 > 0$

$\dfrac{1 - 11^2}{a^2} + \dfrac{111^2}{b^2} = 1 \qquad \dfrac{1}{a^2} + \dfrac{1}{b^2} = 1$

$2a^2b^2 = a^2b^2 \qquad 2 \neq 1$

ちがう？

$2 = \dfrac{a^2b^2}{a^2b^2} = \dfrac{ab}{ab} \qquad a = 1 \quad b = 2 \qquad \dfrac{ab}{ab} = \dfrac{1 \times 2}{1 \times 2} = \dfrac{2}{2} = 1$

$2 = \dfrac{ab}{ab}$

0　1　1
1　0　1
1　1　2

$$\frac{a+b}{a+b} = 2$$

$$a+b = 2a+2b$$

$$0 = a+b$$

$$ab = 2$$

$$a = -b$$

$$b^2 = 2$$

$$b = \sqrt{2} = 1.14$$

$$\frac{(-1)^2}{(1.14)^2} + \frac{(1)^2}{(-1.14)^2} = 1$$

$$\frac{(-1)^2}{2} + \frac{1}{2} = \frac{1}{2} + \frac{1}{2} = 1$$

$$a^2 - a = 0$$

$$a(a-1) = 0$$

$$a = 1$$

$a \neq 1 \quad a = 0$

$a = 0$ は、$\phi = 0$

$a = 1$ は、$\phi = 1$

(積分と円)

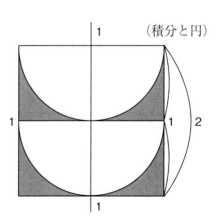

$$\int_0^1 (a^2 - a)\,dx$$

$a = 1$ とする。

$$\int_0^1 (x^2 - x)\,dx = \left[\frac{x^3}{3} - \frac{x^2}{2}\right]_0^1$$

$$= \frac{1}{3} - \frac{1}{2} = \frac{2-3}{6} = -\frac{1}{6}$$

$$\frac{1}{6} \times 4 = \frac{4}{6} = \frac{2}{3}$$

$$2 \times 2 - \frac{2}{3} = 4 - \frac{2}{3} = \frac{12-2}{3} = \frac{10}{3}$$

$$= 0.333\cdots\cdots$$

傾斜率か？

$$\int_0^1 x\,dx = \left[\frac{x^2}{2x}\right]_0^1 = \frac{1}{2}$$

$y = x^2$ 　　　　　　　　　　　　　（y=x）

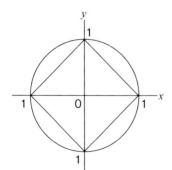
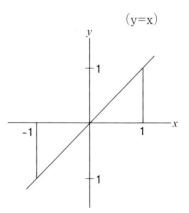

$y' = x^2$

$\int_{-1}^{1}(x^2)dx = \left[\dfrac{x^3}{3}\right]_{-1}^{1} = \dfrac{1}{3}+\dfrac{1}{3} = \dfrac{2}{3}$

$\int_{0}^{2}(x^2)dx = \left[\dfrac{x^3}{3}\right]_{0}^{2} = \dfrac{8}{3}$

（微分の意味）

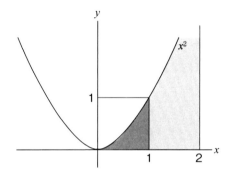

$\dfrac{\Delta y}{\Delta x} \quad \dfrac{dy}{dx}$

$x^2 + y^2 = r^2$

$r^2\left(\dfrac{x^2}{r^2}+\dfrac{y^2}{r^2}\right) = r^2$

$\dfrac{x^2}{r^2}+\dfrac{y^2}{r^2} = 1$

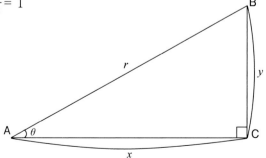

$$\sin \theta = \frac{BC}{AB} = \frac{y}{r}$$

$$\cos \theta = \frac{AC}{AB} = \frac{x}{r}$$

$$\tan \theta = \frac{BC}{AC} = \frac{y}{x}$$

$$\cos^2 \theta + \sin^2 \theta = 1$$

$$\frac{x^2}{r^2} + \frac{y^2}{r^2} = 1$$

$$x = y$$

$$\frac{x^2}{r^2} + \frac{y^2}{r^2} = 1 \qquad \frac{zx^2}{r^2} = 1$$

$$\frac{x^2}{r^2} = \frac{1}{2} \qquad \sqrt{\frac{x^2}{r^2}} = \sqrt{\frac{1}{2}}$$

$$\frac{\sqrt{x^2}}{\sqrt{r^2}} = \frac{\sqrt{1}}{\sqrt{2}} \qquad \frac{x}{r} = \frac{1}{\sqrt{2}} = \frac{\sqrt{2}}{2}$$

$$x^2 + y^2 = r^2$$
$$\downarrow$$
$$y^2 = r^2 - x^2 = (r-x)(r+x)$$
$$y = \sqrt{r^2 - x^2} = \sqrt{(r+x)(r-x)}$$

この辺で休みましょう。ちょっと疲れましたね。

なかなか、円というものはむつかしいですねえ。まるい、完全なまる。円。

会計学と円

会計学と円がどう関係するか？

一種のサイクルだとしますね。これは、人生のようでもあります。完全な円軌道はないかもしれません。太陽は、楕円に、地球のまわりを回っている。地球からみると、そんなようなものです。

宇宙へ行くと、たとえばロケットが飛んでいる。

$v = egr\,(-ge)'$
$y = vt \quad\quad y\,(距離),\ t\,(時間)$
$r = vt \quad\quad x^2 + y^2 = (vt)^2$

たとえば、円がぐるぐる回る。円のまわりを、また回る。完全なサイクル。つまり、地球の生態系なんですけど、サイクルはサイクルですね。

タバコが刺激物だとして、頭を良くする？　経理的には、使えば使うほどロスが出る。しかし、効率よく使えば生きる。全体的に投資してもいいが、一点買いがいいかもしれない。

経理はその処理であるが、頭を悩ませる。実体と経理は、日付によって異なり、伝票を起こす場合は、使った日と異なれば少しずれていく。

取得原価主義から、修正原価主義にならざるをえない。原価を修正する。そんなことは、取替原価とか取替時価と同じことである。

時価主義がいきなり出たのか、原価主義と取得時価主義は同じものか？　修正原価というのは、取得原価を修正するものだが、どうだろう。
　時価は今の時価、修正原価は修正時点の時価、修正時価ですか？
　どちらにしろ、実体をしっかりつかまなければ、経理はできない。
　プロフェッショナルのみならず、ご活躍をして下さい。

　岐阜山ザルにして
　深山はふかし
　東名を走る

税制改革について

行財政改革の一環としての税制改革に関する考察

　　　　　　　昭和58年度　明治大学大学院修論より

　昭和30年頃から、いわゆる高度成長がもたらされ、歳入から歳出をひいた一般会計収支、即ち財政赤字が100倍にふくらんだ。その補填に、国債が発行され、昭和52年には、依存度が32.9％となった。109.8兆円である。国民一人当たり百万円です。

　（S31〜32）神武景気、（S33〜36）岩戸景気、（S37〜39）オリンピック景気、（S40〜45）いざなぎ景気と好況であった。税の自然増収にも恵まれた。ところが、S46.8.15（ニクソン・ショック）円切り上げによる景気後退、S48.10.12.（オイルショック）OPEC石油輸出国機構による原油価格の引上げにより、不況となり、1兆1900億円の建設国債を発行。また、少子高齢化から（S45〜）社会保障費が伸びてくる。

　昭和47年1月、児童手当制度の導入、昭和48年1月、70歳以上の老人を対象とする老人医療支給制度の実施、老齢年金の受給者も、40年467万人に対し、53年1070万人、S50年以降、国債費、社会保障費、地方財政費が伸びた。

　租税収入はS40年代（70〜80％）を占めたが、S50年代（60〜50％）となる。

　法人税、所得税によるものが多いが、直接税中心主義と批

判を受ける。

　税収構造、歳出構造の変化が、財政赤字による財政危機の根本的原因となってきた。

　高度成長終焉による税の自然増収の減少、A・ワグナーの「経費膨張の法則」により、財政支出がふえる。

　財政赤字が循環的なものなら問題はないが、構造的赤字である。

　議会制民主主義の均衡予算原理がくずれて、フィスカル・イリュージョン（将来赤字）を容認するようになった。

　ケインズ主義で、総需要水準を管理していたが、不均衡予算で、政策運営がされるようになった。

　国債発行は、将来世代の租税負担を増加させる。建設国債、赤字国債とつづき、国債の利払費が膨らんだ。

　S50年代、大量国債発行のもと、日銀は、国債の買いオペができなくなり、市中金融機関の国債保有高が急増、国債価格の値崩れ、売却損か、高度成長後の金利体系を歪め、低金利時代となる。

　貨幣量を増やしても、物価上昇するなら、民間支出は減少しクラウディングアウトが生じる。

　長期金利は、短期金利とも連動し、投資が抑制されて、国債が将来世代に転嫁されることなく、「生涯負担」なら、容認されて高度成長期の歳出構造を見直す。

　行財政改革も、一部行われたが、3K（米、国鉄、国保）の赤字解消、公共事業の見直し、少額貯蓄制度、公害対策から省エネ投資、土地バブルへ。しかし、人口ピラミッドで、

少子高齢化の波はとまらず、税収減に国債発行もいっぱいで、議論が行われた。

直間比率の見直しは、高川教授も言われたが、ヨーロッパで付加価値税、つまり、一般消費税（売上税）がもちあがる。

もちろん、福祉目的税で、社会保障にあてるものだ。

ここで、私の計算では、GNP 1％の消費税、この議論には、サイモンズの包括所得税とカルドア・ミードの総合支出税が係わっている。

消費税導入には、所得税減税、仕入控除方式、単一税率、複数税率など問題が多い。

高齢化サービス、在宅看護支援制度、少子化支援、教育の無償化、保育所の設置。所得に担税力があるか、消費にあるかは、「生涯消費」を一定とみれば、消費課税といえる。

所得は、貯蓄にまわり、その意味からは、相続税、贈与税の見直しが必要だ。消費は、一般的な生活水準に関係していて、物価変動にも関係が深い。

大衆消費、生活必需品もあり、うすい課税でもきつい。では、高額所得に思い切って多額の課税をするか？

しかし、本人課税は多くとも、財産有りでは減少するが、生涯消費はみな一様であろう。

その点で、変動所得の概念を用いるのもよし。また年間消費の保障という概念も必要だろう。

会計学とは

会計学とは何か
会計的記述の意味
ビットコインの評価、処理
貨幣と会計

　コンピューター会計の話をすると、まず、ドットということになります。
　ドットとは、コンピューター上の点であります。この点をつなげて、文字とか表とかゲームをつくります。
　MOVE、ベーシック言語は、点を移す、ドットを動かす。
　もちろん、マシン語から創られるが、2進法の世界です。00101 とかです。

2進法

　0 + 1 = 1
　0 + 1 + 1 = 10
　0 + 1 + 1 + 1 = 10 + 1 = 11
　0 + 1 + 1 + 1 + 1 = 10 + 10 + = 100

大事な事は、60進法ですが、4年で1回とみれば、正確、ドットが小さくても少し円はくるわけです。したがって、コンピューター上の円周率の計算はちがう。ドット自体がちがうわけですから、ちがっているわけです。
　今のB/S, P/L上も、コンピューター上誤差がでます。
　利益など正確にでない。
　正確など、どうでもいい。
　現在、残高が重要と思いなさい。
　ペイント・リトルトンが複式にこだわったのに対し、中村忠先生は、会計学に短歌を入れている。

　ピラミッドは、いくら金がかかるかアメンホテプ2世は、考えたでしょう。

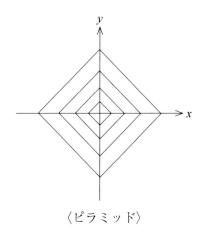

〈ピラミッド〉

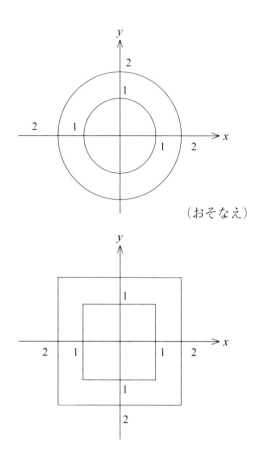

（おそなえ）

円の長さを 16 とすると、
　16 ÷ 4 = 4
　4 × 4 = <u>16㎡</u>
円の長さを 8 とすると、
　8 ÷ 4 = 2
　2 × 2 = <u>4㎡</u>

$r^2 \phi = 16 \quad r^2 \phi = 4$

$\phi = 1$ として
$r^2 = 16 \quad r = 4$
$r^2 = 4 \quad r = 2$

$\phi = 2.14$ として
$r^2 \times 2.14 = 16 \quad r = \sqrt{7.47}$
$r^2 \times 2.14 = 8 \quad r = \sqrt{3.73}$

$\phi = 3.33$ として
$r^2 \times 3.33 = 16 \quad r = \sqrt{4.8}$
$r^2 \times 3.33 = 8 \quad r = \sqrt{2.4}$

$\phi = 3.14$ とすると
$r^2 \times 3.14 = 8$
$r = \sqrt{2.547}$
$r^2 \times 3.14 = 16$
$r = \sqrt{5.095}$

最大の問題です。

円周率は半径によって異なるというよりも、半径により倍数になると思います。

円周率のグラフ

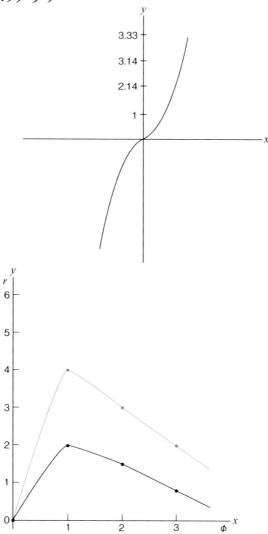

会計学とは、測定して比較評価することです。
会計について記述をし、意味を付加することです。
哲学に取引実体を与えたのかも知れませんね。

【参考文献】

「帳簿の世界史」ジェイコブ・ソール（文藝春秋）

「英文会計のコミュニケーション」（有限責任監査法人）

「詳説世界史研究」（山川出版社）

IFRS

会計法規集

織部 浩道（おりべ ひろみち）

昭和35年生まれ。
ロイヤルフロンティア、新世紀会代表
税理士会退会。明治大学大学院博士前期修了
現在、ツイッター、イーネッタをする。

著書
「光の数珠」「2000年の月」（文芸社）、「空を飛んだゾウ」（新風舎）、「風がささやく時」（カヨウ出版）、「哲学」（文芸社）、「学園ライバル」（文芸社）、「誘惑の星」（文芸社）、「Episode」（ブックウェイ 2016.10）、「航海日誌」（ブックウェイ 2016.9）他。

会計学論考
2016年12月27日発行

著　者　織部浩道
制　作　風詠社
発行所　ブックウェイ
　　　　〒670-0933　姫路市平野町62
　　　　TEL.079(222)5372　FAX.079(223)3523
　　　　http://bookway.jp
印刷所　小野高速印刷株式会社
　　　　©Hiromichi Oribe 2016, Printed in Japan.
　　　　ISBN978-4-86584-208-1

乱丁本・落丁本は送料小社負担でお取り換えいたします。
本書のコピー、スキャン、デジタル化等の無断複製は著作権法上での例外を除き禁じられています。本書を代行業者等の第三者に依頼してスキャンやデジタル化することは、たとえ個人や家庭内の利用でも一切認められておりません。